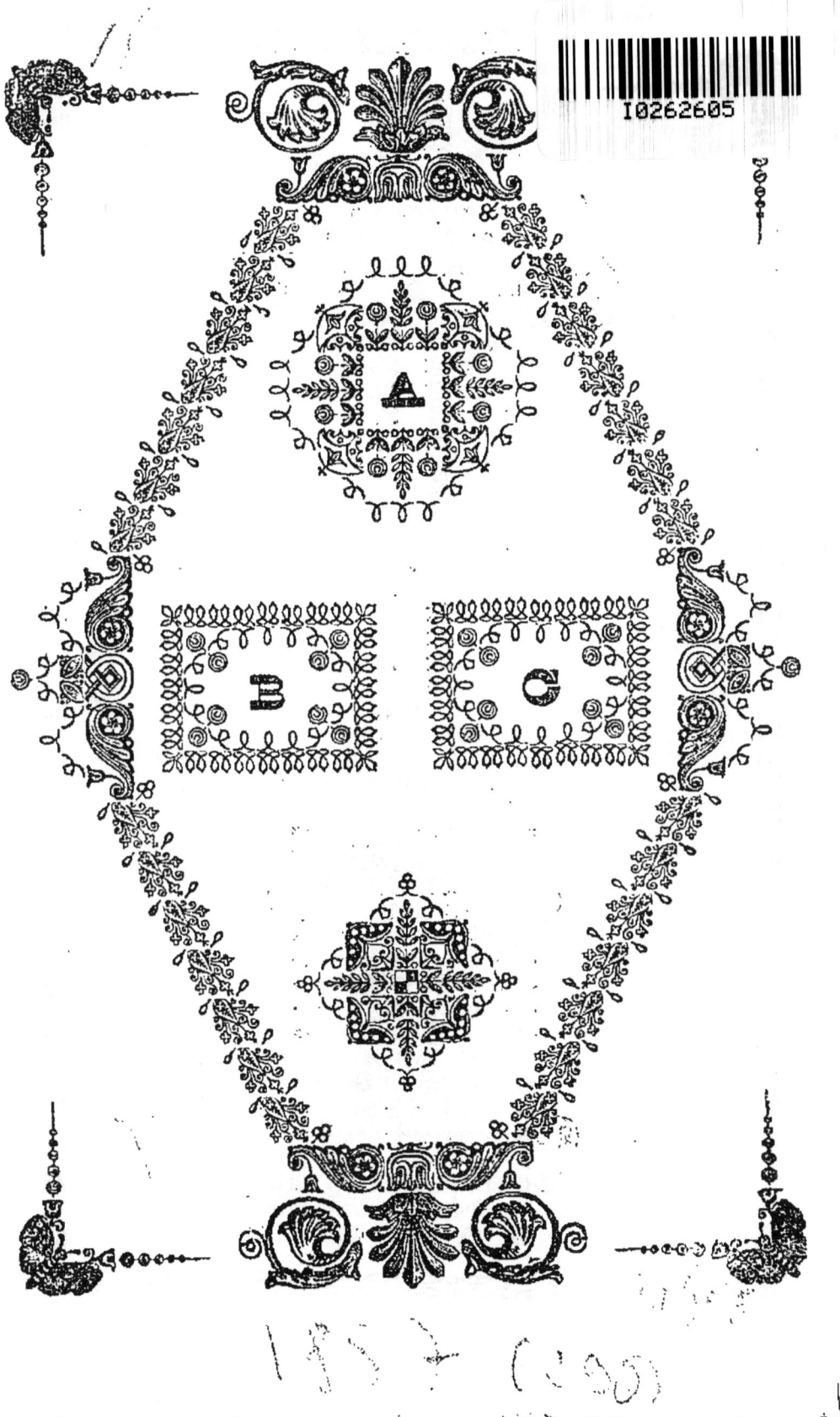

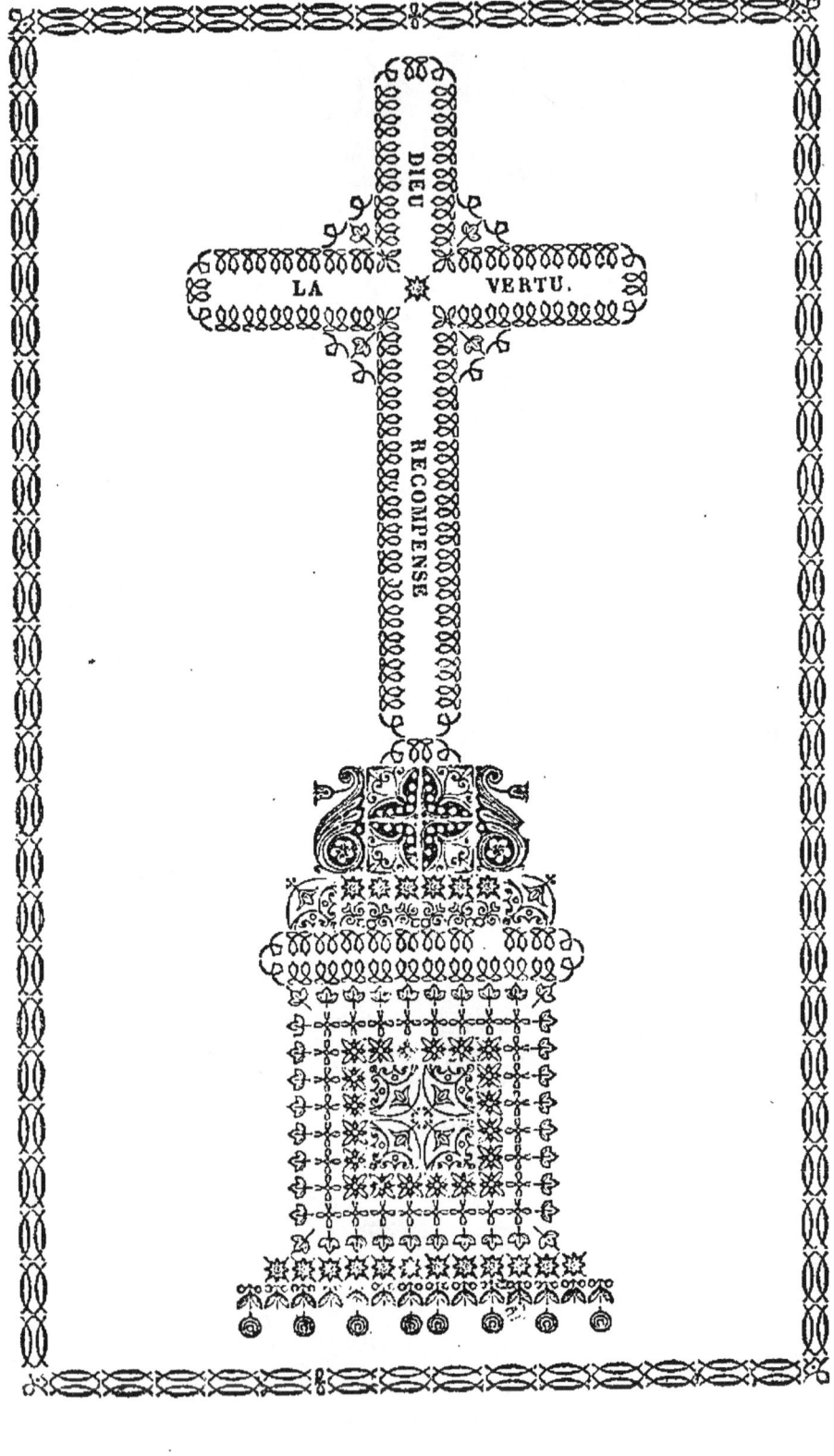

A B C

ou

INSTRUCTION

CHRÉTIENNE,

Pour les Petits Enfants,

DIVISÉE PAR SYLLABES

EN FRANÇAIS.

POITIERS,

Librairie de BONAMY-BOUCHARDEAU,

Rue des Cordeliers, 15.

1 : 2 : 3 : 4 : 5 : 6 : 7 : 8 : 9 : 10
11 : 12 : 13 : 14 : 15 : 16
17 : 18 : 19 : 20 : 21 : 22
23 : 24 : 25 : 26 : 27 : 28
29 : 30 : 31 : 32 : 33 : 34
35 : 36 : 37 : 38 : 39 : 40
41 : 42 : 43 : 44 : 45 : 46
47 : 48 : 49 : 50 : 51 : 52
53 : 54 : 55 : 56 : 57 : 58
59 : 60 : 61 : 62 : 63 : 64
65 : 66 : 67 : 68 : 69 : 70
71 : 72 : 73 : 74 : 75 : 76
77 : 78 : 79 : 80 : 81 : 82
83 : 84 : 85 : 86 : 87 : 88
89 : 90 : 91 : 92 : 93 : 94
95 : 96 : 97 : 98 : 99 : 100

A B C D E
F G H I J
K L M N O
P Q R S T
U V X Y Z
Æ ŒE Ç

. , ; : ' - ! ?

a b c d

e f g h i

j k l m

n o p q

r s t u

v x y z.

æ œ ç.

Alphabet italique.

ABCDEFG
HIJKLMN
OPQRSTU
VXYZ.

abcdefghi
jklmnopqr
stuvxyz.

Voyelles.

a, e, i, o, u, y.

Consonnes.

b c d f g h j k l
m n p q r s t v
x z.

Lettres doubles.

ff fi ffi fl ffl.

Syllabes.

Ba be bi bo bu
Ca ce ci co cu
Da de di do du
Fa fe fi fo fu
Ga ge gi go gu
Ha he hi ho hu
Ja je ji jo ju
La le li lo lu
Ma me mi mo mu

Na	ne	ni	no	nu
Pa	pe	pi	po	pu
Qua	que	qui	quo	quu
Ra	re	ri	ro	ru
Sa	se	si	so	su
Ta	te	ti	to	tu
Va	ve	vi	vo	vu
Xa	xe	xi	xo	xu
Za	ze	zi	zo	zu

———

Quand on se lève, il faut faire le signe de la Croix, en disant :

✝ Au nom du Père, et du Fils, et du Saint-Esprit. Ainsi soit-il.

L'ORAISON DOMINICALE.

No tre Pè re, qui ê tes aux Cieux, que vo tre nom soit sanc ti fi é, que vo tre rè gne ar ri ve, que vo tre vo lon té soit fai te en la Ter re com me au Ciel. Don nez - nous au jour d'hui no- tre pain de cha- que jour, et nous par don nez nos of fen ses, com- me nous pardon- nons à ceux qui nous ont of fen- sés, et ne nous lais sez point suc com ber à la ten ta ti on; mais dé li vrez-nous du mal.

Ain si soit-il.

La Salutation Angélique.

Je vous sa lu e Ma ri e plei ne de grâ ce, le Seigneur est avec vous; vous êtes bénie entre toutes les femmes, et béni est le fruit de votre ventre, Jésus.

Sainte Marie, Mère de Dieu, priez pour nous,

pau vres pé-
cheurs, main te-
nant, et à l'heure
de no tre mort.
Ain si soit-il.

Le Symbole des Apôtres.

Je crois en
Dieu, le Pè re
Tout-Puis sant,
Cré a teur du
Ciel et de la Ter-

en Jésus-
st son fils
ue, Notre
neur qui a
conçu du
-Esprit,
t né de la
e Marie;
souffert
on ce Pi-
é té cru-

fié, est mort
t a été mis dans
e Sépulcre; est
escendu aux
nfers et est
s suscité des
norts le troi-
ème jour; est
onté au Ciel,
t as sis à la
oite de Dieu

le Pè re Tout-Puis sant, et qui de là vien dra juger les vivants et les morts.

Je crois au Saint-Es prit, la Sain te Egli se ca tho li que, la com mu ni on des Saints, la ré mis si on des pé chés, la ré-sur rec ti on de la chair et la vie é ter nel le.

Ain si soit-il.

La Confession générale.

Je me con fes se à Dieu Tout-Puis sant, à la Bien-heu reu se Ma ri e, tou-jours Vier ge, à saint Mi chel Ar chan ge, saint Jean-Bap tis te, aux A pô tres saint Pier re et saint Paul, et à tous les Saints, par ce que j'ai beau coup pé ché par pen sé es, par pa ro les et par ac ti ons; c'est par ma fau te, par ma pro pre fau te, par ma très-gran de fau te: c'est pour quoi je pri e la Bien heu reu se Ma ri e tou jours Vier ge, saint Mi chel Ar chan ge, saint Jean-Bap tis te, les A pô- tres saint Pier re et saint

Paul, et tous les Saints, de pri er pour moi le Sei gneur no tre Dieu.

Ain si soit-il.

L'Absolution.

Que le Sei gneur Tout Puis sant ait pi tié de nous, qu'il nous par don ne nos pé chés et nous con dui se à la vie é ter nel le.

Ain si soit-il.

Que le Sei gneur Tout-Puis sant et mi sé ri cor-dieux nous don ne in dulgen ce, ab so lu ti on et ré mis si on de tous nos pé chés. Ain si-soit-il.

Acte de Contrition.

Mon Dieu, j'ai un ex-trê me re gret de vous a-voir of fen sé, par ce que vous ê tes in fi ni ment bon, in fi ni ment ai ma-ble, que le pé ché vous dé plaît, je me pro po se mo yen nant vo tre sain te grâ ce de ne plus y re tom-ber à l'a ve nir.

Ain si soit-il.

Les Commandements de Dieu.

1. Un seul Dieu tu adoreras et aimeras parfaitement.

2. Dieu en vain tu ne jureras, ni autre chose pareillement.

3. Les dimanches tu garderas en servant Dieu dévotement.

4. Père et mère honoreras, afin de vivre longuement.

5. Homicide point ne

se ras, de fait ni vo lon-
tai re ment.

6. Lu xu ri eux point
ne se ras, de corps ni de
con sen te ment.

7. Les biens d'au trui
ne pren dras ni re tien-
dras in ju ste ment.

8. Faux té moi gna ge
ne di ras, ni ne men ti ras
au cu ne ment.

9. L'œu vre de chair ne
dé si re ras qu'en ma ri a ge
seu le ment.

10. Les biens d'au trui ne con voi te ras pour les a voir in ju ste ment.

Les Commandements de l'Église.

1. Les di man ches la Mes se ou ï ras, et les Fêtes de com man de ment.

2. Ces mê mes jours sancti fie ras sans tra vail ler ser vi le ment.

3. Tous tes pé chés confes se ras, à tout le moins u ne fois l'an.

4. Ton Cré a teur tu re-

ce vras au moins à Pâques humblement.

5. Quatre-Temps, Vigiles jeûneras et le Carême entièrement.

6. Vendredi chair ne mangeras, ni le samedi mêmement.

Prière avant le repas.

Mon Dieu bénissez la nourriture que je vais prendre pour m'entretenir à votre service. ✝ Au nom du Père, et du Fils et du Saint-Esprit.

Ainsi soit-il.

Actions de grâces après le repas.

Nous vous rendons grâces, ô Roi et Dieu Tout-Puissant, pour vos bienfaits, qui vivez et régnez par tous les siècles des siècles.

Ainsi soit-il.

v. Bénissons Dieu.

r. Grâces à Dieu.

v. Les âmes des fidèles trépassés aient par la

mi sé ri cor de de Dieu re pos sans fin.

R. Ain si soit-il.

Bé nis sez le Sei gneur. Dieu nous don ne sa paix, et a près la mort la vi e é ter nel le. Ain si soit-il.

Lou an ges à Dieu, paix aux vi vants et re pos aux tré pas sés.

v. Sei gneur, a yez pi tié de nous.

R. Grâ ces à Dieu.

v. Et soient bé ni es les

en trail les de la Vier ge Ma ri e, qui ont por té le Fils de Dieu é ter nel.

Prière au saint Patron.

Mon saint Pa tron, ob te nez-moi de Dieu la grâ ce de ne le point of fen ser et de vous i mi ter.

Ain si soit-il.

DIFFÉRENTS CRIS
DES ANIMAUX.

Le chien a boie.
Le co chon gro gne.
Le che val hen nit.
Le tau reau beu gle.
L'â ne brait.
Le chat mi au le.
L'a gneau bê le.
Le li on ru git.
Le loup hur le.
Le re nard gla pit.
Le moi neau pé pi e.

Le cor beau cro as se.
La tour te rel le gé mit.
Le pi geon rou cou le.
Le ros si gnol ra ma ge.
Le coq chan te.
La pou le glous se.
La pi e ba bil le.
Le ser pent sif fle.
L'hom me par le.

FABLE A ÉPELER.

LA POULE ET LE COQ.

U ne pou le di sait à un jeu ne coq son fils qui s'é tait per ché sur le bord d'un puits : Mon fils, c'est là qu'un de vos frères a perdu la vie en essayant de voler dans cet endroit fatal. Craignez que votre témérité ne vous attire le même sort. Le coq lui promit d'être sage; mais à peine sa mère l'eût-elle perdu de vue, qu'il vola sur le bord du puits. Il se baisse, voit son image, et celle du grain qu'il tenait à son bec. Oh! dit-il, c'est un coq qui sans dou te se nour rit de grains ca chés dans ce lieu qu'on dit si fu nes te; vo yons si je ne pour rais a voir ma por ti on de ce bu tin. A l'in stant il s'é-lan ce au fond du puits; mais au lieu du grain qu'il cher chait, il n'y trou va que la mort, qu'il eût é-vi té e, s'il eût sui vi les sa ges con seils de sa pru-den te mè re.

FIN.

St-Maixent, Imp. de Reversé.

www.ingramcontent.com/pod-product-compliance
Lightning Source LLC
Chambersburg PA
CBHW061015050426
42453CB00009B/1460